PROJET DE SURTAXES

A L'ENTRÉE

DES BESTIAUX ÉTRANGERS EN FRANCE

RAPPORT

Présenté au nom de la Commission chargée d'émettre un avis

Par M. LUCIEN THIOLLIER,

rapporteur.

SAINT-ÉTIENNE

IMPRIMERIE THÉOLIER ET Cie

Rue Gérentet, 12.

—

1884

PROJET DE SURTAXES

A L'ENTRÉE DES BESTIAUX ÉTRANGERS EN FRANCE

RAPPORT

Présenté au nom de la Commission chargée d'émettre un avis,

Par M. Lucien THIOLLIER, rapporteur.

MESSIEURS,

Nous avez chargé une Commission d'étudier le projet de surtaxes sur les bestiaux étrangers, présenté par M. le Ministre de l'Agriculture. Avant de vous soumettre ses conclusions, votre Commission vous prie de prendre connaissance du travail et des recherches qu'elle a cru devoir faire ; à son avis, ces questions de tarifs, surtout lorsqu'elles ont pour objet ce qui touche à l'alimentation publique, ont trop d'importance pour ne pas mériter d'être étudiées consciencieusement et dans leurs moindres détails.

L'agriculture française traverse en ce moment une crise sérieuse, mais cette crise est la même pour toute l'agriculture européenne. Personne n'ignore la cause réelle de cotte fâcheuse situation ; c'est l'importation des blés d'Amérique et des Indes qui sont venus inonder les marchés européens. Ce sont d'abord les blés des Etats-Unis qui peuvent être livrés au Hâvre aux prix de 15 à 17 francs les 100 kil., puis les blés des Indes qui peuvent être livrés à Marseille aux prix de 6 à 10 francs les 100 kil. Cette dérnière concurrence est d'autant plus effrayante qu'elle peut devenir illimitée.

L'exportation indienne qui n'était que de 394.000 quintaux en 1873, s'est élevée à 30 millions de quintaux en 1883. Et puis comment lutter contre un pays où la population est exhubérante et la main-d'œuvre pour ainsi dire nulle.

Evidemment, en présence de ce fait économique qui bouleverse l'agriculture française, en présence du prix de revient des blés français, qui est à peu près de 21 fr. les 100 kil., il eût semblé tout naturel que M. le Ministre de l'Agriculture se fût préoccupé de protéger la production des céréales. Il n'en est rien cependant, et M. le Ministre propose une augmentation de droits sur les bestiaux étrangers, augmentation que personne ne réclame, et qui serait plus nuisible qu'utile aux intérêts de notre pays. Cette idée, de M. Méline, a paru étrange à votre Commission, et sans aucun doute, vous avez tous éprouvé le même étonnement.

Pour justifier l'établissement de droits nouveaux sur les bestiaux étrangers, il faudrait démontrer deux choses : ou bien que cette importation augmente dans des proportions inquiétantes, ou bien qu'elle se fait à des prix tels que nos produits nationaux ne peuvent soutenir la lutte. Nous allons essayer de prouver par des chiffres que tel n'est pas le cas.

Nous vous présentons d'abord le tableau des droits qui frappaient les bestiaux étrangers de 1860 à 1880 ; ceux qui existent actuellement depuis 1880, et ceux qui sont proposés par M. le Ministre de l'Agriculture.

	Droits de 1860 à 1880.	Droits actuels depuis 1880 tarif général.	Droits proposés par M. Méline.
Bœufs.	3.60 par tête.	15 » par tête.	25 » par tête.
Vaches	1.20 —	8 » —	12 » —
Veaux.	0.30 —	1, 50 —	4 » —
Moutons . . .	0,30 —	2 » —	3 » —
Porcs	0,30 —	3 » —	6 » —

A ces droits, il faut ajouter les frais de transports, les commissions aux intermédiaires, les déchets pendant le transport. Tout ceci augmente considérablement les droits de douane, s'ils ne les double pas.

La première recherche à faire était de savoir si l'importation des bestiaux avait augmenté d'une manière inquiétante depuis quelpues années. D'après les *Annales du commerce*, il n'en est rien. Cette importation était :

En 1878 :	2.873.466	têtes de bétail.	
1879 :	2.495.328	—	
1880 :	2.542.634	—	
1881 :	2.127.523	—	
1882 :	2.521.495	—	

Au lieu d'augmenter, cette importation a donc diminué.

Voici le détail des bêtes importées pendant les sept premiers mois des années 1882, 1883, 1884.

	1882	1883	1884
Bœufs	43.970	42.735	31.811
Vaches.	24.032	32.722	36.122
Taureaux	1.022	2.081	1.322
Bouvillons, génisses	2.718	4.071	5.820
Veaux	28.219	32.571	26.610
Moutons	1.039.899	1.080.277	1.090.021
Porcs.	55.349	33.852	35.338
Total. . . .	1.195.209	1.228.309	1.227.044

Il ressort de ces divers tableaux, que l'importation des bestiaux étrangers n'augmente pas, et que celle des bœufs notamment, a considérablement diminué en 1884. Sans aucun doute, l'impôt actuel de 15 francs par tête de bœuf, n'est pas étranger à cette diminution. Du reste, qu'est cette faible importation à côté de la consommation française, que l'on estime actuellement à 15 millions de bêtes à cornes, et à 22 millions de moutons.

Cette questions d'importation tranchée, nous avons voulu nous rendre compte de ce qu'était la production de la viande en France, et de ce qu'était la consommation de cet aliment dans notre pays. Nous avons trouvé ce qui suit :

La consommation française	**1856**	**1877**
était de	872.506.902	1.317.071.628
La production française était de	835.110.500	1.200.210.500
L'exportation française était de	13.712.800	28.675.200

Il ressort de ces chiffres, que la production française est insuffisante pour la consommation, et qu'il nous aurait manqué en 1856, 51.109.202 kilog., et en 1877, 145.536.328 kilogr. pour suffire aux besoins de notre pays. Comment parer à ce déficit, si ce n'est en s'adressant aux nations voisines ?

D'après les documents officiels, on estime ainsi qu'il suit, la consommation *moyenne* de la viande par habitant.

En 1856, cette consommation moyenne était de 23 kil. par habitant.

En 1877, cette consommation moyenne était de 36 kil. par habitant.

La consommation moyenne dans les villes de plus de 10.000 âmes était près de trois fois supérieure à celle des campagnes et des petites localités. De 1856 à 1877, la consommation de la viande a augmenté de 50 p. %. Nous ne pouvons que nous en réjouir, car la viande est l'aliment par excellence pour produire la force ; cette consommation triplerait en France, que ce serait un bien pour notre pays, à tous les points de vue. Au lieu de prendre des mesures pour la restreindre, le gouvernement doit au contraire, tout faire pour l'augmenter. Le vrai moyen serait un abaissement du prix de cet aliment, au lieu d'une augmentation.

Nous avons ensuite recherché si le prix de la viande avait diminué, et si l'on pouvait attribuer cette diminution à l'importation étrangère. Nous savons tous, Messieurs, que depuis quarante ans, le prix de la viande au détail a plus que doublé. Voici le résultat de statistiques officielles établies entre 1856 et 1883, sur le prix de la viande en gros.

De 1856 à 1883, le prix de la viande de bœuf a
augmenté de. . . . .   62 p. %
De 1856 à 1883, le prix de la viande de vache a
augmenté de, ...   70 p. %
De 1856 à 1883, le prix de la viande de veau,
mouton a augmenté de . . . .   73 p. %
De 1856 à 1883, le prix de la viande d'agneau
a augmenté de. . . . . , ...   45 p. %
De 1856 à 1883, le prix de la viande de porc a
augmenté de.   25 p. %

Ces augmentations ne sont-elles pas extraordinaires ?
Ne sont-elles pas la conséquence de l'augmentation de
la fortune publique, qui favorise la consommation ? Ne
serait-il pas souverainement imprudent de chercher à la
diminuer ?

Nous avons dû ensuite examiner si la production de la
viande en France avait diminué, et si l'importation
étrangère en était cause.

D'après les recensements qui se font tous les cinq
ans, nous avons trouvé les chiffres suivants. Nous pos-
sédions en France :

En 1856. .   13.954.294 bœufs,   33.281.592 moutons.
      1862. .   14.011.845   —   29.529.678   —
      1867. .   14.618.968   —   30.386.233   —
      1872. .   12.730.560   —   24.589.647   —
      1877. .   13.245.783   —   23.674.216   —

Il ressort de ce tableau un fait important : c'est que le
régime de liberté inauguré en 1860, n'a en rien arrêté la
marche ascendante de la production nationale pendant
les années qui l'ont suivi. De 1862 à 1867, le nombre de
bœufs avait augmenté de 600.000, et celui des moutons
de près d'un million.

En 1871, la perte de l'Alsace et de la Lorraine, ainsi
que la peste bovine, qui a sévi dans plusieurs départements, ont amené une diminution sensible dans le nombre des bêtes à cornes. Néanmoins, la marche ascendante
a recommencé, et nous possédons, en 1877, 500.000 bœufs
de plus qu'en 1872. De plus, nos races se sont amélio-
rées, et le poids de nos 13 millions de bœufs existant en

1877 est bien supérieur à celui des 14 millions et demi existant en 1867.

Le nombre des moutons a sensiblement diminué, mais cela tient à deux causes très heureuses pour notre pays. D'abord la surface des terres incultes que l'on utilisait à nourrir des moutons a considérablement diminué, ce dont nous devons nous réjouir. De plus, la transformation des races s'est faite d'une manière remarquable. Au lieu d'avoir des moutons de 10 à 20 kil. que l'on élevait au point de vue de la production de la laine, nous possédons des races perfectionnées ayant un poids de 40 kil. ou plus. Il ressort, d'après de nombreuses statistiques, que le poids des 23 millions de moutons existant en 1877, est de 40 % plus élevé que celui des 33 millions existant en 1856. Tels sont les résultats que l'on obtient, lorsque, par une concurrence bien entendue, on oblige le producteur à améliorer ses produits.

On nous menace depuis longtemps de l'envahissement des viandes américaines. Examinons ensemble ce qu'il peut y avoir de fondé dans ces menaces qui ne se sont pas encore réalisées et qui, croyez-le bien, ne se réaliseront jamais. Si le blé se transporte facilement, il n'en est pas de même de la viande et des bestiaux. Les pays qui nous envoient leurs bestiaux sont, après l'Algérie, l'Italie, l'Autriche et la Belgique. La presque totalité de ces envois est consommée dans nos départements du midi qui n'ayant pas assez de paturages ne produisent pas ce qui leur est nécessaire.

Quant aux bêtes qui nous ont été envoyées d'Amérique, lorsqu'elles ne succombaient pas en route, elles nous arrivaient dans un tel état de dépérissement, que leur placement en était impossible si ce n'est à des prix désastreux. Les Etats-Unis qui nous avaient expédié 200 bœufs en 1881, n'ont plus osé renouveler ce malheureux essai. A la Plata, un mouton de 26 kil. dépouillé coûte 2 fr, 50, et cependant malgré ce bas prix, malgré les navires frigoriques et autres inventions qui devaient permettre de transporter cette viande en parfait état, nous ne la voyons pas paraître sur nos marchés. Il faut bien se rendre compte que pour transporter deux millions de moutons par exemple, soit 60.000 tonnes, il faudrait 3 ou 400 navires spécialement aménagés pour ce genre de transports. La création d'une semblable flotte est absolument chimérique, surtout lorsqu'on réfléchit qu'avec un relèvement de tarifs, on pourrait d'un jour à l'autre la rendre sans emploi. En fait, nous ne recevons ces fameuses viandes d'Amérique, que sous formes de conserves, ce dont nous ne pouvons nous plaindre. Laissons une certaine concurrence exciter l'émulation de nos cultivateurs. Ne faisons pas pour la viande ce qui a été fait pour la betterave ; à l'abri de droits protecteurs, le cultivateur français a laissé dégénérer cette plante de telle sorte qu'elle ne rend plus chez nous que 5.52 % de sucre, tandis que la betterave allemande en contient 9.56 %.

Tous les produits du sol français tels que les fruits, les œufs, la volaille, le laitage, le beurre, le fromage, le vin, les légumes de toutes sortes, la viande, trouvent un placement assuré et rémunérateur non seulement en France, mais chez les nations européennes qui se les disputent. Le blé seul donne de mauvais résultats. La conclusion à tirer de cet état de choses est qu'il faudrait diminuer la culture du blé pour augmenter celle de ces autres produits. Si nous prenons le *Bulletin de statistique,* nous trouvons que les les 52 millions d'hectares qui composent le sol français sont ainsi partagés :

26.000.000 hectares en terres labourables, produisant blé,
seigle, avoine, orge.
696.000 hectares en terrains de qualité supérieure :
jardins, parcs.
5.000.000 hectares en prés, herbages.
2.800.000 hectares en vignes.
8.400.000 hectares en bois.
7.000.000 hectares en landes, pâtures, incultes.
700.000 hectares en autres cultures : houblon, lin, etc.
1.404.000 hectares en terrains bâtis : villes, routes, rivières, chemins, etc.

—————————

52.000.000 hectares.

La proportion des terrains consacrés aux céréales n'est-elle pas exagérée et ne pourrait-on doubler tout au moins les terrains destinés aux prairies, jardins, etc. ? On nous répond, lorsque nous faisons cette observation, que les terrains utilisés pour les céréales ne sont pas propres à d'autres cultures. Cela est absolument faux, et nous en avons un exemple frappant dans notre département. L'Etat et le département ont dépensé des sommes importantes pour créer un canal d'irrigation dans la plaine de la Loire ; une partie de cette plaine aurait pu, grâce à ce canal, être depuis longtemps déjà, transformée en pâturages. Malheureusement, cultivateurs et propriétaires s'en tiennent à leurs vieux errements, à leur routine, et ce beau canal reste à peu près sans emploi. Il faut réagir contre cette inertie. Peut-être que la concurrence étrangère sera l'aiguillon qui amènera cette transformation salutaire.

Il est évident que le blé ne peut disparaître de notre culture. Il est nécessaire à l'assolement, et nous avons besoin de paille comme de grains. Néanmoins, si la France ne produisait que 80 millions d'hectolitres de blé au lieu d'en produire 120 millions, elle n'en serait que plus riche. Et puis, tout en consacrant un terrain moindre à la culture du blé, ne serait-il pas facile d'en récolter autant, grâce à de meilleurs procédés. Nous savons tous que la moyenne de rendement de blé en France, n'est que de 14 à 16 hectolitres à l'hectare, tandis qu'il est de 24 à 28 hectolitres en Angleterre, et pourtant notre sol est meilleur. Puisque nous parlons de l'Angleterre, il nous semble utile de comparer notre agriculture à la sienne.

Les 21 millions d'hectares du sol anglais sont divisés comme suit :

5.300.000 hectares pour les céréales,
2.000.000 — — pommes de terre, navets,
1.200.000 — — jardins, houblon, lin,
3.000.000 — — prairies artificielles,
8.000.000 — — prairies naturelles,
1.500.000 — — villes, constructions, routes, chemins de fer, rivières, etc.

Ainsi, l'Angleterre, avec un terrain moitié moindre que le nôtre, consacre 11 millions d'hectares aux prairies, tandis que nous n'en avons que 5 millions. Avec 5.300.000 hectares consacrés aux céréales, elle produit dans les bonnes années 45 millions d'hectolitres de froment, tandis qu'avec 26 millions d'hectares, nous n'en produisons que 120 millions d'hectolitres. Quels progrès n'avons-nous pas à faire ; notre prix de revient ne diminuerait-il pas considérablement si nous cultivions mieux, si nous savions nous procurer les bonnes semences, et utiliser les bons engrais ?

Tandis que nous ne produisions en 1880 que 1.250.000.000 de kil. de viande, l'Angleterre en produisait 1.700 millions.

Pendant cette même année 1880, l'Angleterre importait :

317.505 bœufs,
33.445 vaches,
39.000 veaux,
950.000 moutons,
51.000 porcs.

Outre cette énorme importation de viande, *quintuple de la nôtre*, les Anglais sont obligés d'importer en quantités considérables lard, œufs, beurre, fruits, vins, liqueurs, thés, houblons, tandis que la France produit tout cela au-delà de sa consommation, sauf le thé, dont l'emploi peut être considéré comme nul chez nous. En face de cette énorme importation de grains et autres objets nécessaires à son alimentation, l'Angleterre songe-t-elle à mettre des droits protecteurs ? Non ; elle améliore sa culture et ses produits. Tout le monde sait que nulle part ne se trouvent de plus belles races bovines, ovines et porcines.

Si la situation de l'agriculture est mauvaise en France, la situation de l'industrie est pire, il faut donc y regarder à deux fois avant de prendre des mesures qui auraient pour résultat le renchérissement de ce qui sert à l'alimentation publique. Dans certains départements, dans Seine-et-Oise par exemple, les conseils généraux, n'osant proposer des droits sur les grains, et reconnaissant que des surtaxes sur la viande seraient funestes, ont simplement demandé la suppression des droits sur les fers, les machines agricoles, la houille, les engrais et autres matières nécessaires à l'agriculture. Consultez les grandes industries de notre département, vous _yerrez si elles partagent cette manière de voir. Tout s'enchaîne en effet, si vous mettez des droits sur l'outillage agricole, le culti- vateur français ne peut plus lutter contre le producteur étranger. De même, si vous mettez des droits sur les objets qui servent à l'alimentation, vous augmentez le prix de la main-d'œuvre industrielle, et ruinez l'industrie française. Voyez combien ces mesures protectrices vont en général contre leur but. Le gouvernement accorde des primes à la marine française, et le résultat de ces primes est d'abaisser à rien le fret pour le transport des blés étrangers qui inondent l'Europe. Nous nous faisons donc concurrence à nous-mêmes, ce qui réellement est insensé.

Nous pensons bien faire avant de terminer cette étude, de jeter un coup d'œil sur les causes diverses du malaise qui frappe notre agriculture. Nous avons eu depuis quelques années de fort mauvaises récoltes qui ont appauvri nos campagnes. Le phylloxéra a détruit une partie de notre vignoble. Ce sont là des causes passagères, les bonnes récoltes reviendront, et dans quelques années, la France et l'Algérie produiront plus de vin que jamais.

A côté de ces causes accidentelles, il en est d'autres qui sont permanentes et contre lesquelles il est du devoir de tout bon citoyen de lutter. Ce sont d'abord les *impôts* qui nous accablent sous toutes les formes, et qui sont le double de ceux qui frappent les autres nations. Ce sont les droits d'enregistrement, les droits de successions, les droits de mutations et d'échanges; l'impôt sur les transports par grande vitesse. Tous ces impôts ne pourront diminuer que si le gouvernement et les communes apportent la plus stricte économie dans leurs budgets, et renoncent à des entreprises inutiles autant que ruineuses.

Nous avons aussi la dépopulation des campagnes, qui apporte la misère dans nos villes, et amène l'augmentation de la main-d'œuvre agricole. La principale cause de cette émigration vers les villes, est notre régime militaire actuel. Les jeunes gens, pendant leurs cinq années de service, contractent au régiment des habitudes qu'ils ne pourraient satisfaire au village, et restent dans les villes. Pourquoi ne pas modifier ces mauvaises lois, et faire ce que demandent tous les militaires soucieux d'avoir une armée vraiment solide ?

Pourquoi ne pas se contenter d'une armée continentale de 350.000 hommes et d'une armée coloniale de 50.000 hommes aguerris, d'engagés volontaires, de citoyens faisant leur métier et lenr carrière de l'état militaire ?

Ces 400.000 hommes serviraient de cadres à la nation toute entière, qui ne serait appelée que pendant une année sous les drapeaux. Cette organisation ne serait-elle pas plus solide et plus populaire que celle que nous supportons et que celle que l'on élabore ? Aujourd'hui que l'on distribue l'instruction à tout le monde, ne devrait-on pas mettre les instituteurs à même de donner des connaissances agricoles à leurs élèves, tout en négligeant d'autres enseignements inutiles ?

Dès qu'un enfant possède un certificat d'études, il se croit trop savant pour rester à la campagne. Tout cela est triste. La prospérité, la sécurité, la santé publique, exigent que l'on réagisse contre cette tendance déplorable à tous les points de vue.

Une question importante et très discutée, est celle du crédit agricole. Il est certain que si le cultivateur trouvait de l'argent à des conditions satisfaisantes, il pourrait acheter des bêtes maigres en plus grand nombre, et les engraisser. Pour cela, il fandrait qu'il trouvât, contre sa signature, des fonds remboursables en six mois. La Banque de France ne pourrait-elle être autorisée à créer cette branche de service ? A son défaut les Caisses d'épargne ne pourraient-elles être autorisées à utiliser ainsi leurs disponibilités ! Elles le font déjà en Italie à la satisfaction de tous.

Il faudrait en outre organiser dans toutes les communes un syndicat agricole, et c'est en cela que les Sociétés d'agriculture pourraient exercer une légitime influence. Ces syndicats auraient pour objet de procurer à la communauté, aux plus bas prix possibles, les meilleures semences, les meilleurs engrais, les bestiaux de races perfectionnées, les outils agricoles. Que de progrès seraient bientôt réalisés si ces syndicats fonctionnaient sous une direction intelligente et honnête !

Nous terminons, Messieurs, ce travail un peu long et dont voici la conclusion :

S'il s'agissait de surtaxes sur les céréales, nous aurions peut-être d'autres solutions à vous présenter, mais puisqu'il s'agit de l'élévation des droits qui frappent actuellement les bestiaux étrangers, à leur entrée en France, nous vous prions de déclarer avec nous :

1° Que cette surtaxe n'est pas nécessaire, puisque la concurrence étrangère est à peu près nulle en France, et n'amène aucune diminution sur le prix de la viande.

2° Qu'elle serait nuisible, parce qu'elle augmenterait le prix de la viande au détriment du consommateur, sans profit pour le producteur qui ne vendrait pas mieux ses produits.

3° Qu'elle empêcherait le cultivateur de se procurer lui-même, à un prix convenable, les bêtes de races étrangères dont il a besoin pour améliorer ses troupeaux.

4° Que l'augmentation du prix de la viande en diminuerait la consommation, ce qui serait un grand malheur public, puisque c'est l'aliment qui, plus que tout autre, développe la force, et, qu'au lieu de le restreindre, on doit en faciliter l'usage.

Nous ne devons pas oublier que le climat et le sol de la France sont bien meilleurs que ceux des autres nations européennes et, certainement, nous avons assez d'intelligence et d'énergie pour lutter victorieusement.

Que le gouvernement rouvre à nos industries les marchés qui nous ont été fermés. Lorsque l'industrie prospèrera, la consommation générale augmentant, les produits de la campagne se placeront avantageusement. N'oublions pas que la période de liberté dans les échan-

ges, qui a régné en France de 1860 à 1878, a été une
période de prospérité pour tous, et ne désespérons pas
de la voir revenir.

Le rapporteur,

LUCIEN THIOLLIER.

Saint-Etienne, imprimerie THÉOLIER et Cᵉ, rue Gérentet, 12.

www.ingramcontent.com/pod-product-compliance
Lightning Source LLC
Chambersburg PA
CBHW061603050726
47595CB00009B/3974